Lili,
la petite grenouille

1

Lecture

Sylvie Meyer-Dreux

Michel Savart

Dans la chambre de Léo et Léa, il y a un ordinateur.

Dans la chambre de Léo et Léa, il y a un ordinateur.

Léo   Léa   la chambre de Léo et Léa   un ordinateur

Dans la chambre de Léa,
il y a Léo.

Dans la chambre,
il y a Léo et Léa.

Dans la chambre de Léo,
il y a Léa et un ordinateur.

© CLE International / VUEF, 2002 – ISBN : 209-033539-4

Léa et Léo

Dans la chambre, il y a Léa.
Dans la chambre, il y a Léo.
Dans la chambre, il y a Léo et Léa.

 Léo et Léa - Léa et Léo - la chambre de Léa - la chambre de Léo et Léa -

un ordinateur dans la chambre

 Dans la chambre de Léo, il y a Léa et un ordinateur.

Dans la chambre de Léa et Léo, il y a un ordinateur.

Il y a un ordinateur dans la chambre de Léa.

dans et de il y a	un ordinateur la chambre		

 Dans un ordinateur, il y a Léo.

Léo et le robot

Histoire 1. Album p. 6 et 7.

Dans la chambre de Léo et Léa, il y a un ordinateur et un robot.

Dans la chambre de Léo et Léa, il y a un ordinateur et un robot.

un robot   le soleil   la lune   la souris   la maison

Dans la maison,
il y a la chambre de Léo et Léa.

Il y a un robot
dans la maison de Léa et Léo.

Dans la chambre,
il y a la souris de l'ordinateur.

o — un **o**rdinateur

o — le s**o**leil

o — un r**o**bot

O — Lé**o**

Lé**o**

Oh, oh Léo,
donne-moi le robot !
Oh, oh robot,
donne-moi Léo !

3

Léo et un robot - Léo et le soleil -

un ordinateur et un robot - le soleil et la lune

4

Il y a un ordinateur et un robot.

Dans la chambre, il y a Léo, Léa et un robot.

Il y a un robot dans la chambre.

Dans la maison, il y a un robot.

Léa regarde la lune.

Léo regarde le soleil.

dans	**un robot**	**regarde**	
et	**le soleil**		
de	**la lune**		
il y a	**la souris**		
	la maison		
	un ordinateur		
	la chambre		

Dans le soleil, il y a un robot.

Lili, la petite grenouille

Dans la chambre de Léo et Léa, il y a un ordinateur et un robot.
Une petite grenouille rose sort de l'ordinateur ! C'est Lili.

Dans la chambre de Léo et Léa, il y a un ordinateur et un robot.
Une petite grenouille rose sort de l'ordinateur ! C'est Lili.

un garçon   une fille   la grenouille   une petite maison   une grande maison

C'est Léa.   C'est le pyjama.   C'est Lili.   C'est l'ordinateur.

Lili sort de l'ordinateur.   Lili sort de la chambre.   Lili sort de la maison.

	a
	a
	A
	A

Léa

il y **a**
un g**a**rçon
je m'**a**ppelle
un ordin**a**teur
reg**a**rde
un py**ama**

coa

Ah, ah, ah
il y a
ah, ah, ah
une grenouille
un, deux, trois
« coa, coa ! »

3 Léa et Lili - la fille - le garçon - coa, coa, coa - la fille et le garçon -

Léa, la fille - Léo, le garçon - le pyjama de Léo

4 Je m'appelle Léa.

Je m'appelle Lili.

Je m'appelle Léo.

Regarde, c'est un pyjama.

Il y a une grenouille dans un grand ordinateur.

Le grand garçon sort de la petite maison.

Je m'appelle Léa.

Je m'appelle Lili.

c'est	un pyjama	il regarde	rose
dans	l'ordinateur	elle sort	petit
et	la grenouille		petite
de	un garçon		grand
il y a	une fille		grande

 C'est un grand pyjama de grenouille.

Les animaux de la ferme de Lili

Dans le pays de Lili, la petite grenouille rose, il y a une ferme.
Dans la ferme, il y a des animaux de toutes les couleurs. C'est drôle !

Dans le pays de Lili, la petite grenouille rose, il y a une ferme.
Dans la ferme, il y a des animaux de toutes les couleurs. C'est drôle

Dans la ferme de Lili, il y a des animaux.

| La vache, c'est un animal. | Le cheval, c'est un animal. | Le canard, c'est un animal. | La poule, c'est un animal. | La souris, c'est un animal. |

C'est drôle !

La vache lit. Elle lit.   *Le cheval écrit.* Il écrit.   *Le canard gris colorie.* Il colorie.   *le pays de Lili* le pays de Lili

(i)

i y
i y
I Y
𝒥 𝒴

il y a
une fille
un pyjama
un ordinateur
une souris
un pays
il colorie

le pays de Lili

*Au pays de Lili,
un, deux, trois, quatre, cinq, six,
la vache lit et elle écrit,
cinq, six, sept, huit, neuf, dix.*

3

un animal - des animaux - la souris de l'ordinateur - la souris de la ferme -

le pays de la petite fille - un joli pays - une jolie petite grenouille

4

Dans le pays de Lili, le cheval sort de la ferme.

Lili, c'est une petite grenouille. Elle colorie la maison.

Regarde Lili, le canard gris. C'est drôle.

Oh ! le joli pays de Lili !

c'est	**un animal**	**il lit**	**drôle**
dans	**des animaux**	**elle écrit**	**joli**
et	**le pays**	**il colorie**	**jolie**
de	**une ferme**	elle regarde	**gris**
il y a	**les couleurs**	il sort	rose
	la vache		petit
	le cheval		petite
	le canard		grand
	la poule		grande
	l'ordinateur		
	le robot		

La souris colorie le robot de Léo.

neuf

Le zoo de Lili

Dans le pays de Lili, la petite grenouille rose, il y a aussi un zoo.
Dans le zoo, les animaux sont aussi de toutes les couleurs.
C'est amusant !

Dans le pays de Lili, la petite grenouille rose, il y a aussi un zoo.
Dans le zoo, les animaux sont aussi de toutes les couleurs.
C'est amusant !

Dans le zoo de Lili, il y a des animaux :

et aussi

un lion   un éléphant   un crocodile   une girafe

Comment il s'appelle ? Comment elle s'appelle ?

Il s'appelle Léo.   Elle s'appelle Léa.   Elle s'appelle Lili.

Il s'appelle Léo.   *Elle s'appelle Léa.*   *Elle s'appelle Lili.*

I l L ℓ ℒ

Léo
Léa
Lili
la lune
l'éléphant
la couleur
le cheval

le lion

Dans le zoo,
le lion lit
et Léo
lit aussi.
Lis Léo !
Lis Léa !
dans le zoo.

 3 une jolie couleur - le crocodile - un animal amusant -

une petite poule - le joli lion - le cheval dans l'ordinateur

 4 Dans le zoo de Lili, il y a un crocodile.

Le cheval lit et l'éléphant aussi. C'est drôle.

Comment sont les animaux dans le zoo de Lili ?
Ils sont de toutes les couleurs.

Comment s'appelle la jolie grenouille ? Elle s'appelle Lili.

comment	un zoo	ils sont	amusant
aussi	un lion	elles sont	drôle
c'est	un éléphant	il lit	joli
dans	un crocodile	elle écrit	jolie
et	une girafe	il colorie	gris
de	une poule	elle regarde	rose
il y a	un animal	il sort	petit
	des animaux		petite
	le pays		grand
	une ferme		grande
	les couleurs		

 Le crocodile et le lion sont dans le lit de Léo.

Le zoo rigolo, c'est amusant !

Histoire 1. Album p. 14 et 15.

On joue, on danse, on chante, on mange dans le pays de Lili, la petite grenouille rose. Les animaux de la ferme jouent avec les animaux du zoo. C'est rigolo !

On joue, on danse, on chante, on mange dans le pays de Lili, la petite grenouille rose. Les animaux de la ferme jouent avec les animaux du zoo. C'est rigolo !

 C'est amusant ! C'est rigolo !

| Le crocodile joue avec le canard. | La girafe mange avec la poule. | Le lion chante avec la vache. | L'éléphant danse avec le cheval. | Le lion compte avec le mouton. |

 C'est drôle !

| Ils jouent. | Elles mangent. | Ils chantent. | Ils dansent. | Ils comptent. |

Ils jouent.   *Elles mangent.*   *Ils chantent.*   *Ils dansent.*   *Ils comptent.*

douze

m	la **m**aison
m	il **m**ange
M	c'est a**m**usant
M	co**mm**ent ?
	un ani**m**al
	une fer**m**e
	un pyja**m**a

le **m**outon

C'est amusant
un éléphant
Hi han hi han !
Comment ?
Comment ?

3 un mouton amusant - une drôle de ferme - la musique

une dame

un hippopotame

un monsieur

4 Il y a une dame avec un monsieur dans le zoo.
Ils mangent. C'est rigolo !

Elle joue de la musique.

Ils jouent de la musique.

On chante et on danse avec les animaux de la ferme.

C'est amusant !

du	**un monsieur**	**on joue**	**rigolo**
avec	**un hippopotame**	**on danse**	**drôle**
comment	**une dame**	**on chante**	amusant
aussi	**une musique**	**on mange**	joli
c'est	un zoo	**ils jouent**	jolie
dans	un lion	**elles comptent**	gris
et	un éléphant	ils sont	rose
de	un crocodile	elles sont	petit
il y a	une girafe	il lit	petite
	une poule	elle écrit	grand
	des animaux		grande

Le robot danse aussi avec l'ordinateur !

Les animaux ne jouent plus !

Les animaux de la ferme ne jouent plus avec les animaux du zoo.
Le robot n'est pas content. Lili n'est pas contente. – Ça ne va pas !

Les animaux de la ferme ne jouent plus avec les animaux du zoo.
Le robot n'est pas content. Lili n'est pas contente. – Ça ne va pas !

la plume   la bulle   salut   Léo est sur le lit.   La poule est sur le robot.

Ça ne va pas.

Regarde les plumes du canard.

La poule et le canard ne dansent plus !

Regarde les plumes de la poule.

Le canard n'est pas content.

La poule n'est pas contente.

u
u
U
U

la **lu**ne
une m**u**sique
une b**u**lle
s**u**r
d**u**
am**u**sant
sal**u**t

une plume

Salut la lune
une, une, une !
Salut la plume
ume, ume, ume !
Salut la bulle
ulle, ulle, ulle !
une ? ume ? ulle ?
Ça ne va plus !
Salut !

Salut la lune ! - une drôle de bulle - une petite musique - une grande bulle -

une plume sur un lit - un robot amusant - le zoo du monsieur - le zoo de la dame

Le robot ne joue plus de musique. Il n'est pas content.

Ils jouent avec des plumes. Ça ne va pas !

La lune danse avec le soleil. Ça ne va plus dans le pays de Lili !

Léo sort du zoo. Salut les animaux !

ne... pas	**une plume**	**je joue**	**content**
ne... plus	**une bulle**	**il chante**	**contente**
sur	un monsieur	**elle mange**	rigolo
salut	un hippopotame	**je regarde**	amusant
du	une dame	on joue	drôle
avec	une musique	ils jouent	joli
comment	un zoo	on danse	jolie
aussi		on chante	gris
c'est		on mange	rose
dans		elles sont	petit
et		il lit	petite
de		elle écrit	grand
il y a		il colorie	grande

La poule mange les plumes du canard !

Histoire 1. Album p. 18 et 19.

Mais qui est-ce ? Mais qu'est-ce que c'est ?
Dans une chambre, il y a un ordinateur, des jouets, un garçon et
une fille qui dorment… qui dorment… qui dorment… qui dorment…
Driiiing ! C'est le matin.

Mais qui est-ce ? Mais qu'est-ce que c'est ?
Dans une chambre, il y a un ordinateur, des jouets, un garçon et
une fille qui dorment… qui dorment… qui dorment… qui dorment…
Driiiing ! C'est le matin.

1 Qui est-ce ?

C'est Léo.   C'est Léa.   C'est Lili.   C'est la dame.   C'est le monsieur.

Qu'est-ce que c'est ?

C'est un jouet.   C'est un robot.   C'est un dé.   C'est un domino.   C'est un réveil.

2 C'est le matin.

Léo et Léa dorment.   C'est le réveil.   On ne dort plus.   C'est le matin.

d
d
D
D

une **d**ame

un **d**é
un **d**omino
une **d**anse
deux **d**ames **d**rôles
ils **d**orment
un or**d**inateur
une gran**d**e **d**ame
un croco**d**ile

Do da du
di de do,
ça ne va plus
dans le zoo.
Do da du
di de do
salut ! salut !
Léa, Léo
ne dansent plus !

une grande dame - un drôle de robot - l'ordinateur de Léo -

la danse du crocodile - dans le pays de Lili - un grand dé - un drôle de domino

Les animaux de la ferme dorment aussi.

Regarde la dame qui danse avec le monsieur.

Qu'est-ce que c'est ? C'est l'ordinateur de Léo et Léa.
Compte les animaux du zoo avec le crocodile : un, deux, trois, quatre...
Qui est-ce ? C'est la dame du zoo qui sort.
Le monsieur joue avec les dominos.

| **Qui est-ce ?** **Qu'est-ce que c'est ?** **qui** ne... pas ne... plus sur du avec comment aussi c'est dans et de il y a salut | **le matin** **un jouet** **des jouets** une plume une bulle un monsieur un hippopotame une dame une musique un zoo | **ils dorment** je joue on joue ils jouent je regarde on danse on chante on compte je mange on mange elle mange ils sont elles sont il lit elle écrit il colorie | content contente rigolo amusant drôle joli jolie gris rose petit petite grand grande |

L'ordinateur dort aussi. Ça ne va plus !

dix-sept

C'est l'après-midi. Où sont Léa et Léo ?

C'est l'après-midi. Il pleut. Léo et Léa sont dans le salon.
Ils regardent la télévision. Mais où est Lili ?

*C'est l'après-midi. Il pleut. Léo et Léa sont dans le salon.
Ils regardent la télévision. Mais où est Lili ?*

Qu'est-ce que c'est ?

C'est une chaise.   C'est une fenêtre.   C'est un canapé.   C'est une télévision.

C'est un réveil.   C'est un téléphone.

Où est-il ? Où est-elle ?

Lili est sous le tapis.    La télévision est dans le salon.

Léo est sur le canapé.    Le rideau est derrière la fenêtre.

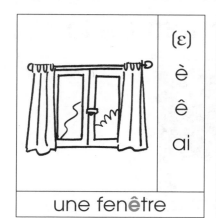

(ɛ)
è
ê
ai

une fen**ê**tre

(e)
é
es
er
ez

une t**élé**vision

une f**ê**te
un apr**è**s-midi
une m**ai**son
un jou**et**

un **é**léphant
un r**é**veil
un d**é**
une t**élé**vision

un canap**é**
regard**er**
jou**ez**

*C'est l'après-midi,
c'est la fête,
c'est la fête,
c'est l'après-midi,
c'est la fête de Lili.
Écoutez, regardez
par la fenêtre entrouverte
écoutez et chantez
c'est la fête de Lili !*

un canapé vert - une fenêtre ouverte - un téléphone - un petit dé -

les jouets de Léo et Léa - une chaise - un téléphone

Léa écrit sur le canapé. Léo est derrière Léa.

Regardez, il pleut, c'est la fête à la grenouille.

Léo regarde un éléphant à la télévision.
Dans le pays de Lili, c'est la fête de la musique.

mais	un après-midi	il pleut	vert
où	le salon	ils regardent	ouverte
sous	une fenêtre	ils sont petits	
derrière	la télévision		
dans	un canapé		
sur	une chaise		
	une télévision		
	un réveil		
	un téléphone		

Lili téléphone à l'éléphant sur la fenêtre.

Les animaux jouent de la musique. C'est drôle !
Mais le cheval et l'hippopotame se disputent.
– C'est MON tambour !!! C'est TA batterie !!!

Les animaux jouent de la musique. C'est drôle !

Mais le cheval et l'hippopotame se disputent.

– C'est mon tambour !!! C'est ta batterie !!!

Qui joue de la musique ?

Le zèbre joue du piano.   L'éléphant joue de la trompette.   Le chat joue de la flûte.

C'est à qui ?

C'est le piano du zèbre.   •   • C'est sa flûte.

C'est la trompette de l'éléphant. •   • C'est sa plume.

C'est la flûte du chat.   •   • C'est son piano.

C'est la plume de la poule.   •   • C'est sa trompette.

C'est le pyjama de Léo.   •   • C'est son pyjama.

p	un **p**ays
p	une **p**oule
P	un **p**yjama
P	une **p**lume
	il **p**leut
	un a**p**rès-midi
	une lam**p**e

un hi**pp**o**p**otame

– Ne sors pas
dans ton pyjama,
ça ne va pas,
ça ne va pas !
– Mais il ne pleut pas,
mais il ne pleut plus,
pa - pe - pi - po - pu
salut, salut, salut !

un après-midi amusant - le piano du robot -

la poule de la ferme - une lampe - le pays de la musique

Léo et Léa se disputent, ce n'est pas drôle. L'hippopotame aussi se dispute

avec le cheval. Ça ne va plus. Ils ne sont pas polis.

Il y a une petite plume sur le tapis.

Il pleut mais le soleil sort.

Colorie le canapé de Léo mais pas le piano.

mais	**mon tambour**	**ils jouent**	poli
où	**ta batterie**	**ils se disputent**	polie
dans	**une flûte**	**il pleut**	drôle
sur	**un piano**		petit
sous	**une trompette**		petite
derrière	**ma plume**		
	l'hippopotame		
	un après-midi		
	un canapé		

Il pleut des hippopotames.

Il faut apprendre les notes de musique. Suivez Lili !…
sur le tapis… DO, sur le canapé… RÉ, sur la chaise… MI, sur la table… FA…
do ré mi fa sol la si do Attention au plafond Lili… SPLATCH !!!

Il faut apprendre les notes de musique. Suivez Lili !…
sur le tapis… do, sur le canapé… ré, sur la chaise… mi, sur la table… fa…
do ré mi fa sol la si do Attention au plafond Lili… Splatch !!!

Où est Lili ? Elle est sur :

un tapis   une nappe   une table   un buffet   une lampe   une armoire

Il faut apprendre à

lire.

chanter.

danser.

écrire.

	n	**n**ous
		neuf
	n	u**n** a**n**imal
		u**n** **n**id
	N	u**n** ordi**n**ateur
		u**n**e gre**n**ouille
	N	u**n** domi**n**o
une note		u**n** télépho**n**e

Chante Lili
do, ré, mi,
chante Léa
fa, sol, la,
et Léo
si, do,
joue aux dominos.

3 une note de musique - la lune - un petit ordinateur - un animal de ferme -

une grande nappe - un téléphone vert - un petit nid

4 Léo regarde la lune.

Un animal qui joue du piano, c'est rigolo.

Où est le téléphone ? Sur le canapé.

Attention ! Léo et Léa se disputent la souris verte de l'ordinateur.

Il pleut ! Le canard est content.

Il y a un petit nid derrière la fenêtre ouverte.

au	un nid	il faut apprendre	vert
attention	une note	suivez	verte
mais	le tapis		petit
où	la table		petite
dans	une nappe		drôle
sur	le plafond		poli
sous	une armoire		polie
derrière	un buffet		
	la chaise		
	le canapé		

Le canard téléphone à l'ordinateur.

Attention ! Ça ne va pas du tout !

Aïe... Aïe, les ustensiles de cuisine ont mal partout ! Pourquoi ? Pour faire de la musique, la fourchette a tapé sur le bol et le bol a mal au ventre. Le couteau a tapé sur la cuillère et la cuillère a mal au dos. Et la poubelle a mal à la tête. Ça ne va pas du tout !

Aïe... Aïe, les ustensiles de cuisine ont mal partout ! Pourquoi ? Pour faire de la musique, la fourchette a tapé sur le bol et le bol a mal au ventre. Le couteau a tapé sur la cuillère et la cuillère a mal au dos. Et la poubelle a mal à la tête. Ça ne va pas du tout !

 Qu'est-ce que c'est ?

un bol cassé   une cuillère   une casserole   un couvercle   une poubelle

 Pourquoi ça ne va pas du tout ? Ils sont malades.

Léo a mal au dos.   Léa a mal à la tête.   Lili a mal au ventre.   Le crocodile a mal partout.

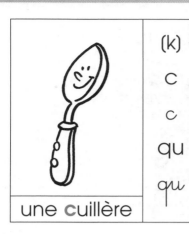

(k)	une **c**ouleur
c	un **c**anard
c	un **c**outeau
qu	une **c**uisine
qu	un bol **c**assé
	un **c**rocodile
	il é**c**rit
	la musi**qu**e
	qui ? pour**qu**oi ?
une **c**uillère	cin**q**

Une casserole
do, ré, mi, fa, sol,
et un grand couteau
fa, sol, la, si, do,
dansent pourquoi pas
do, si, la, sol, fa,
sur un grand piano
sol, fa, mi, ré, do.

 3

la couleur grise - un couteau de cuisine -

une petite cuillère - une musique amusante - un grand canapé -

une note de musique - un monsieur content - un couvercle de casserole -

un couvercle de poubelle - un canard malade

 4

Les ustensiles de cuisine se disputent pour faire de la musique.

Suivez le canard dans la cuisine. Il joue de la musique.

Il y a un couteau, une fourchette et une cuillère sur la table de la cuisine.

Lili n'est pas contente. La fourchette a cassé le bol.
Léa ne mange pas dans la cuisine. Elle est malade.

partout	un ustensile	ils ont mal	cassé
à	une cuisine	elle a mal	cassée
pour	une fourchette	il a tapé	malade
pourquoi	un bol		
mais	le ventre		
où	le couteau		
dans	la cuillère		
sur	la poubelle		
sous	un couvercle		
derrière	une casserole		
au	le dos		
attention			

Le crocodile mange une note de musique.

Bravo Lili ! Le couteau, la cuillère, le bol et la fourchette jouent de la musique et chantent avec les amis de Léo et Léa. Maintenant, ils n'ont plus mal !

Bravo Lili ! Le couteau, la cuillère, le bol et la fourchette jouent de la musique et chantent avec les amis de Léo et Léa. Maintenant, ils n'ont plus mal !

Léa n'a plus mal.

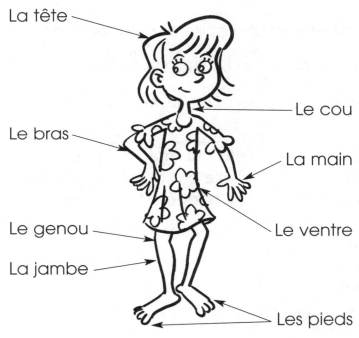

La tête

Le cou

Le bras

La main

Le genou

Le ventre

La jambe

Les pieds

Elle n'a plus mal à la tête.

Elle n'a plus mal au bras.

Elle n'a plus mal au genou.

Elle n'a plus mal à la jambe.

Elle n'a plus mal aux mains.

Elle n'a plus mal aux pieds.

Relie les questions aux bonnes réponses :

Qui joue de la musique ?　　●

Qui ne se dispute plus ?　　●

Qui chante avec les ustensiles ? ●

● les ustensiles

● les amis de Léo et Léa

● le couteau, la cuillère, la fourchette, le bol

	(u)	une **s**ouris
---	---	une p**ou**le
	ou	une f**ou**rchette
	ou	un c**ou**
un c**ou**teau		un c**ou**vercle

une **s**ouris
une p**ou**le
une f**ou**rchette
un c**ou**
un c**ou**vercle
p**ou**rquoi ?
ils j**ou**ent
un tamb**ou**r
part**ou**t

Une fourchette
joue de la trompette
et 1, 2, 3,
pourquoi, pourquoi ?
Une poule et une souris
jouent du tambour, elles aussi,
et 4, 5, 6 et 4, 5, 6,
pourquoi, pour qui ?
Pour Lili
sous le tapis.

3

la couleur de la souris - une grande poubelle -

une fourchette de table - le jouet de Léa -

sous le couvercle du piano - partout - sous les pieds

4

Sous le couvercle du piano, une petite souris dort.

Il y a des fourchettes partout dans la cuisine.

Léo et Léa regardent la télévision. Pourquoi ? Il pleut.

Bravo ! Le pays de Lili est de toutes les couleurs.

Il y a un couteau sous le tapis. Pourquoi faire ?

Il n'a pas mal au genou. Il n'a pas mal à la jambe.

La girafe a un grand cou.

maintenant	bravo	ils jouent	cassé
attention	**un ami**	ils chantent	cassée
au	**un cou**	il n'a plus mal	
partout	**la jambe**	elle n'a plus mal	
pour	**le bras**	il a tapé	
	la main	elle a tapé	
	le genou		
	les pieds		
	un couteau		
	un couvercle		
	une fourchette		
	un tambour		

La souris chante mal. Maintenant, il pleut !

Nos amis s'amusent bien.

Dans la salle de bains, nos amis s'amusent bien.
Mais une assiette a peur, elle ne sait pas nager :
– Attention, je vais tomber ! Lili, elle, sait plonger. Pourquoi ?

Dans la salle de bains, nos amis s'amusent bien.

Mais une assiette a peur, elle ne sait pas nager :

– Attention, je vais tomber ! Lili, elle, sait plonger. Pourquoi ?

Les jours de la semaine (Bonjour !..)

lundi	mardi	mercredi	jeudi	vendredi	samedi	dimanche
8 heures	8 heures	8 heures	8 heures	8 heures	8 heures	8 heures
9	9	9	9	9	9	9
10	10	10	10	10	10	10
11	11	11	11	11	11	11
12	12	12	12	12	12	12
13 *musique*	13	13	13	13	13	13 *zoo*
14	14	14	14	14	14	14
15	15	15	15	15	15	15
16	16	16 *batterie*	16	16	16 *fête de bébé*	16
17	17	17	17	17	17	17 *bal*
18	18	18	18 *je vais nager*	18	18	18
19	19	19	19	19 *boules*	19	19
20	20	20	20	20	20	20

Comment est-il ? Comment est-elle ?

Léo est beau.   Léa est belle.   La table est basse.   Le canapé est bas.

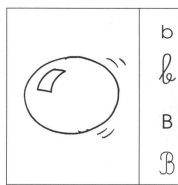

b		le **b**ain
b		le **b**al
		la **b**atterie
B		**b**ravo
B		le tam**b**our
		la jam**b**e

une **b**ulle

Dans la salle de bains
on s'amuse bien
bravo, bravo, bravo !
Le bol, la batterie
nagent et Léo rit aussi,
bravo, bravo, bravo !
Plongez avec elle
avec Léa la belle,
bravo, bravo, bravo !

3

la salle de bains - la chambre de Léo et Léa -

un beau buffet - une balle verte -

un beau petit bébé - une cabane - un lavabo - une baignoire

4

Les ustensiles de cuisine s'amusent bien dans la baignoire.

Mais la brosse à dents n'est pas contente.

Pourquoi Lili n'a pas peur dans la baignoire ? C'est une grenouille !

Elle sait nager et plonger.

Maintenant les cuillères dansent dans la salle de bains avec nos amis.

tout	nos amis	elle a peur	beau
bien	une assiette	ils s'amusent	belle
maintenant	le jour	elle sait nager	bas
attention	la baignoire	je vais tomber	basse
au	une brosse à dents	je vais plonger	
partout	un lavabo	il n'a plus mal	
pour	la semaine		
	le bébé		
	le bal		
	les boules		
	une cabane		
	le bol		
	bravo		

Dans la baignoire,
le bol et la brosse à dents jouent avec des bulles.

vingt-neuf

Unité 7

Nos amis se reposent.

Nos amis se reposent dans la chambre des parents.
– Non, je n'ai pas 65 ans… J'ai 62 ans !
Mais qui parle ? Ce n'est pas Léo. Ce n'est pas Léa. Alors, qui est-ce ?

Nos amis se reposent dans la chambre des parents.
– Non, je n'ai pas 65 ans… J'ai 62 ans !
Mais qui parle ? Ce n'est pas Léo. Ce n'est pas Léa. Alors, qui est-ce ?

 Qui est-ce pour Léa ?

 sa grand-mère   son grand-père

 ses grands-parents

 sa mère

 son frère

  C'est moi, Léa, la sœur de Léo.

 son père

 Comment est-il ? Comment est-elle ?

 Il est gros.

 Elle est grosse.

 Elle est grande ?
Non, elle est petite.

 Il est grand ?
Oui, il est grand.

	r
	r
	R
	R
un **r**éveil	

le **r**ideau
il **r**ega**r**de
la **r**adio
le f**r**è**r**e
de**rr**iè**r**e
un pè**r**e
une mè**r**e
les pa**r**ents
la chamb**r**e

*Cet après-midi,
on dort sur nos lits
et tous nos amis
se reposent aussi.
Léo se réveille,
il y a du soleil.
– On va suivre Lili
Dans son beau pays !*

 3

une grande girafe - une grosse grenouille -

les grands-parents de Léo - un après-midi tout gris -

nos petits bras - nos grandes jambes - un gros ventre -

la photo de grand-mère - la radio de mon père

 4

*Dans la chambre des parents de Léo et Léa, il y a des photos.
Oh ! C'est rigolo. La grand-mère de Léo et Léa parle.
Regarde bien la bulle. C'est écrit : 62... ça ne va pas du tout !
Les photos ne parlent pas ! Non, non...
Et la grand-mère n'est pas dans la chambre !*

non	les parents	ils se reposent	grand
oui	le père	elle parle	grande
alors	la mère	j'ai 6 ans	gros
maintenant	la grand-mère		grosse
attention	le grand-père		gris
au	le frère		grise
partout	la sœur		beau
pour	un an		belle
	une radio		bas
	une photo		basse

Lili la grenouille brosse les parents de Léa et Léo.

C'est le jour de la fête de la musique.

Histoire 2. Album p. 36 et 37.

C'est l'après-midi. Il fait beau.
– Léo, Léa, réveillez-vous ! C'est le jour de la fête de la musique.
Il y a de la musique partout dans les rues.

C'est l'après-midi. Il fait beau.
– Léo, Léa, réveillez-vous ! C'est le jour de la fête de la musique.
Il y a de la musique partout dans les rues.

 Quel temps fait-il aujourd'hui ?

Il fait beau. Il fait chaud. Il pleut. Il fait froid.

Il fait beau. *Il fait chaud.* *Il pleut.* *Il fait froid.*

 Quand est-ce ?

C'est le lever du jour. C'est le matin. C'est l'après-midi. C'est le soir. C'est la nuit.

(f)	une **f**ête
f	un **f**rère
f	une **f**erme
f	une **f**lûte
F	une **ph**oto
F	une gira**f**e
	un télé**ph**one
ph	un élé**ph**ant

une **f**enêtre

Il pleut,
flic, flac, floc, floc, flac, flic,
c'est la fête de la musique !
Non, non, non, mon Léo
il fait beau et il fait chaud,
le soleil est revenu,
la musique est dans la rue !

le petit frère de Léo - le téléphone du salon - la photo de l'éléphant -

un temps froid - la fête de la ferme - le cou de la girafe -

le buffet de la cuisine - une fenêtre fermée - une fenêtre ouverte.

Il fait beau, il fait chaud, c'est la fête de la musique. Dans la rue, il y a des tambours, des trompettes, des flûtes ; tous nos amis sont contents. Les grands-parents de Léo et Léa sont aussi dans la rue. Ils dansent comme des fous. Partout on chante, on danse et on s'amuse. Et dans ton pays, il y a une fête de la musique ?

partout	**un jour**	**Il fait**	**froid**
dans	**une fête**	**Elle fait**	**froide**
de	**le lever**	**Il fait beau**	**chaud**
il y a	**le soir**	**Vous vous réveillez**	**chaude**
maintenant	**la nuit**	**Il ferme**	**fermée**
non	**le temps**	**Il ouvre**	beau
oui	**la rue**		belle
alors	**un fou**		

L'éléphant a fait une photo de la girafe.
Regarde !

trente-trois

Lili raconte une histoire.

Histoire 3. Album p. 40 et 41.

Un soir, dans le lit de Léa, Lili raconte une histoire, une histoire qui se passe dans un pays magique : un pays où les enfants ne dorment jamais.

Un soir, dans le lit de Léa, Lili raconte une histoire, une histoire qui se passe dans un pays magique : un pays où les enfants ne dorment jamais.

Les enfants dorment.

Léa lit un livre.

Lili raconte une histoire à Léo et Léa.

C'est magique !

le livre d'histoires de Lili

La maman de Léo est d'accord.

La maman de Léo n'est pas d'accord.

Combien y a-t-il de lits ?

Il y a trois lits dans une chambre.

Il y a quatre lits dans une chambre.

Il y a sept lits dans une chambre.

t
t
T
C

une **t**ête

le **t**apis
la **t**able
une his**t**oire
la fê**t**e
une pho**t**o
le ven**t**re
sep**t**

Toute la nuit
c'est la fête
on n'dort pas
on n'dort pas
tous les jours
c'est la fête
attends-moi
attends-moi.

3

le ventre de l'hippopotame - to ta tu ti ta to -

s'il te plaît - le tapis sur la table - un tout petit ordinateur - ta tête -

la fête de la photo - toutes les trois

4

Dans l'histoire de Lili, les enfants ne dorment pas le soir,
ils ne dorment pas la nuit, ils ne dorment pas le matin,
pas l'après-midi : ils ne dorment jamais. Dans la chambre de Léo
et de sa sœur Léa, il y a deux lits. Mais au pays de Lili,
combien y a-t-il de lits dans la chambre des enfants ?
Il n'y a pas de lit.

jamais combien d'accord il n'y a pas ne… jamais	trois histoires quatre lits sept enfants	elle raconte l'histoire se passe ils dorment	magique

Il n'y a jamais de lits dans les chambres.

La maman de Léo et Léa veut que les enfants dorment :
c'est l'heure du marchand de sable. Mais Lili, Léo et Léa vont
dans le pays où on ne dort jamais !

La maman de Léo et Léa veut que les enfants dorment :
c'est l'heure du marchand de sable. Mais Lili, Léo et Léa vont
dans le pays où on ne dort jamais !

le marchand
de sable

Bonne nuit !

Au revoir !

Vite ! Au lit !

Qu'est-ce que tu veux ?

Où vont-ils ?

Où vas-tu ?

Où va-t-il ?

Ils vont à l'école.

Je vais au zoo.

Il va au zoo.

	V	je **v**eux
	v	il **v**a
		vite
	v	s'il **v**ous plaît
		ça **v**a
	V	a**v**ec
		la télé**v**ision
un **v**erre	*V*	au re**v**oir
		bra**v**o

As-tu vu
le vélo de Victor ?
As-tu vu
la voiture de Victor ?
As-tu vu
le violon de Victor ?
Vite, vite, vite
l'as-tu vu ?

 le violon du crocodile - la voiture de Victor - le vélo de Léa -

la vache verte du pays des animaux - une télévision sur la table -

un lit devant le tapis - le sable du marchand

 Vous avez vu Léo et Léa ?

Léo ne veut pas dormir. Il dit : « Je ne veux pas dormir. »

Léa ne veut pas dormir. Elle dit : « Je ne veux pas dormir. »

« Vite, venez avec moi », dit Lili.

Alors, Léo et Léa vont au pays où on ne dort pas. Ils sont contents.

au revoir	le marchand de sable	je veux	bon
vite	l'heure	je voudrais	bonne
encore	une minute	elle veut	vert
s'il te plaît	la voiture	il va	verte
s'il vous plaît	le violon	ils vont	
devant	la nuit	venir	
mais		venez	
où		je vais	
		ils dorment	

 Il est midi : c'est l'heure de dormir.

Unité 3

L'école est ouverte la nuit.

Histoire 3. Album p. 44 et 45.

Dans le pays du sans sommeil, l'école est ouverte la nuit !
On travaille la nuit et la récréation est… à minuit !
Léa veut partir.

Dans le pays du sans sommeil, l'école est ouverte la nuit !
On travaille la nuit et la récréation est… à minuit !
Léa veut partir.

Tu sais écrire ton nom : c'est très bien !

Ecris ton nom avec mon crayon. C'est bien !

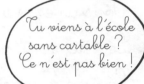

Tu viens à l'école sans cartable ? Ce n'est pas bien !

Quelle heure est-il ?

Il est minuit.
L'école est fermée.

Il est sept heures.
Le jour se lève.
L'école est fermée.

À l'école du pays de Lili,
il est minuit, mais
l'école est ouverte.

38. trente-huit

trente-huit

onze ronds

Il compte

(õ)
on
on
om
om

bonjour
je comprends
il compte
mon ami
ils sont
onze
ronds
il est content
le mouton
la récréation

1 rond
2 ronds
3 ronds
c'est bon !
4 sons
5 sons
6 sons
c'est long !
7 bonds
8 bonds
9 bonds
partons !

3 une ronde d'enfants - le son de la trompette -

l'heure de la récréation - la chanson des polissons -

le nom du garçon - le crayon de Léa - la récréation

de onze heures - ton histoire de grenouille - mon prénom

4 À l'école du pays de Lili, les enfants vont à l'école la nuit...
C'est drôle. La maîtresse raconte des histoires. Les enfants
comptent sur les doigts. « Moi, j'ai 10 doigts », dit Yacine.
« Moi aussi j'ai 10 doigts », dit Pauline. « Et moi, je ne comprends
pas, j'ai 8 doigts », dit le robot. Ça ne va pas du tout !

sans	**la maîtresse**	**on travaille**	**long**
quelle	**le sommeil**	**c'est bien**	**longue**
devant	**la récréation**	**ce n'est pas bien**	**bizarre**
encore	**minuit**	**je comprends**	ouvert
vite	**mon crayon**	il compte	ouverte
au revoir	**une ronde**	ils vont	fermé
	ton cartable		fermée
	une gomme		bon
	des oiseaux		bonne
	des crayons		
	de la colle		

 Paul a 17 doigts et Julie a 15 doigts.
C'est bizarre !

trente-neuf

La rue du sucre

Oh là là… mais que se passe-t-il encore ici ? Dans la rue du sucre, les maisons sont en croissant, les fenêtres sont en nougat et les volets en chocolat. Mais on ne peut pas les manger ! Ah NON ! Léo et Léa ne sont pas contents.

Oh là là… mais que se passe-t-il encore ici ? Dans la rue du sucre, les maisons sont en croissant, les fenêtres sont en nougat et les volets en chocolat. Mais on ne peut pas les manger ! Ah non ! Léo et Léa ne sont pas contents.

des volets

des gâteaux · de la confiture

une glace

une maison en paille

une maison en bois

une maison en pierre

Est-ce que je peux manger ?

Est-ce que je peux boire ?

Oui, tu peux manger.

Non, tu ne peux pas manger.

Oui, tu peux boire.

Non, tu ne peux pas boire.

	(ã)	une **ja**mbe
un croiss**an**t	an / *an*	on d**an**se
		on ch**an**te
	am / *am*	**en** chocolat
une ch**am**bre		or**an**ge
		le march**an**d
un **en**fant	en / *en*	ils sont cont**en**ts
		att**en**ds
		comm**en**t ?
le t**em**ps	em / *em*	c'est amus**an**t

*Un croissant
tout blanc,
un enfant
tout grand,
un marchand
content,
attends,
c'est amusant !*

 3 le triangle de la vache - le marchand tout blanc - un grand soleil -

la chanson du beau temps - la danse des jouets - la grande chambre -

des croissants tout chauds - le marchand de glaces à l'orange

 4 *Et voilà la voiture de Lili dans une rue en confiture !
Il y a des gâteaux partout, du sucre blanc, du nougat marron,
du chocolat noir, des glaces orange. Les enfants ont très faim.
Ils sont très contents. Alors ils chantent et ils dansent mais...
que se passe-t-il ici dans la rue du sucre ? On mange à minuit ?
Ça ne va pas. Les enfants ne sont plus contents du tout. Il faut partir.*

ici	le sucre	partir	blanc
est-ce que	les croissants	je peux boire	blanche
en	du nougat	tu peux manger	orange
tout	de la confiture	je ne peux pas	content
oui	une chanson	ils chantent	contente
non	une glace	attends	grand
comment	des gâteaux	ils ont faim	grande
			amusant

 Les enfants n'aiment pas le sucre.

Le jardin est ouvert la nuit.

Dans le pays du sans sommeil, le jardin, aussi, est ouvert la nuit !
Il y a beaucoup d'enfants qui jouent à cache-cache, aux billes,
à la corde, au football... Mais Léo a sommeil, il veut dormir.

Dans le pays du sans sommeil, le jardin, aussi, est ouvert la nuit !
Il y a beaucoup d'enfants qui jouent à cache-cache, aux billes,
à la corde, au football... Mais Léo a sommeil, il veut dormir.

1 — Qu'est-ce qu'il fait ? Qu'est-ce qu'elle fait ?

Le garçon fait de la moto.

Il monte dans un bateau.

Léo joue au football.

Léo fait un château de sable.

Elle glisse sur le toboggan.

Léa saute à la corde.

Elle tape dans un ballon.

Elle fait de la balançoire.

2 — Qu'est-ce qu'ils font ? Qu'est-ce qu'elles font ?

Ils jouent aux billes.

Ils jouent à cache-cache.

Ils font du tourniquet.

Ils jouent à « chat perché ».

Elles s'amusent à la balle.

Léa et Lili font du vélo.

Elles écrivent.

Elles lisent une belle histoire.

| | **(ʃ)** |
| un jeu de ca**ch**e-ca**ch**e | ch *ch* |

un **ch**ocolat
une **ch**anson
un **ch**at
une **ch**aise
un mar**ch**and
blan**ch**e

un **j**ardin
un p**y**jama
une **g**irafe
ma**g**ique
une pa**g**e
un nua**g**e
je man**g**e
oran**g**e

| **(3)** |
| j g |
| j g |
| J G |
| J G |
| devant **e** et **i** |

un jeu

un chat **g**éant

Je veux chanter
Je veux danser
Je veux jouer
À chat perché
À toutes les pages
À tous les jeux
Voilà ce que je veux.

 un gentil cheval - un joli chien jaune - une page blanche -

un jardin magique - une marchande gentille - une vache géante -

une girafe en pyjama - un cornichon - le jeu de « chat perché »

 Léo et Léa sont dans un joli jardin. Tout est pour les enfants.
On peut jouer toute la nuit, faire des châteaux, jouer à beaucoup
de jeux. On tourne, on saute, on joue à chat, à cache-cache,
on se balance, on fait des glissades ; qu'est-ce qu'on s'amuse !

beaucoup	une moto	on joue	jaune
Qu'est-ce qu'il… ?	cache-cache	on tourne	gentil
Qu'est-ce qu'elle… ?	des billes	on saute	gentille
qui	une corde	on tape	géant
	le football	on se balance	géante
	un château	on s'amuse	perché
	des jeux	elle glisse	blanche
	des glissades		magique
			joli

 Un cornichon chante en pyjama.

Tout est calme sur la petite place du marché ! Tous ces légumes, tous ces fruits, que c'est beau ! Mais c'est un marché bizarre, on regarde, on ne touche pas. Que vont faire Léo et Léa ?

Tout est calme sur la petite place du marché ! Tous ces légumes, tous ces fruits, que c'est beau ! Mais c'est un marché bizarre, on regarde, on ne touche pas. Que vont faire Léo et Léa ?

 Que disent-ils ?

 Combien ?

un enfant   plusieurs enfants   tous les enfants

(ə)
e
e

on r**e**gard**e**
on n**e** peut pas
on n**e** mang**e** pas
l**e** cheval
la ch**e**mis**e**

un p**e**tit garçon

C'est un « e » que l'on n'entend pas.

On n'peut pas
on n'touche pas
on n'mange pas
on s'en va.
On n'aime pas
on n'veut pas
on a l'droit
c'est comm'ça.

3 un petit peu - j'aime - l'heure -

la robe bleue de Léa - le marchand de sable -

la marchande de légumes - la ferme des animaux

4 On ne peut rien toucher dans le pays des fruits et des légumes. C'est bizarre. Les enfants n'ont pas le droit de manger avant minuit. Léa veut une pomme mais elle ne peut pas la toucher car un homme dit : « On regarde, on ne touche pas. C'est interdit ! » « Que c'est dommage ! On n'aime pas ce pays. On veut partir ! » dit Léa.

dommage	la place	on touche	interdit
tous	le marché	on a le droit	calme
un peu	une pomme	faire	bleue
rien	plusieurs légumes	j'aime	petit
que	tous les fruits		petite

On ne peut pas manger de pommes :
les pommes, ce n'est pas bon !

quarante-cinq

Tout tombe par terre.

Et voilà PATATRAS !!!!
Léa a fait une bêtise et tout est cassé. Quelle catastrophe !
Tout est par terre... et il pleut des fraises. Quel pays !
Mais où est le marchand de sable ?

Et voilà Patatras !!!!
Léa a fait une bêtise et tout est cassé. Quelle catastrophe !
Tout est par terre... et il pleut des fraises. Quel pays !
Mais où est le marchand de sable ?

  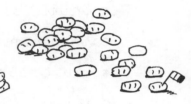

Quel beau pays !   Quelle catastrophe !   Quelle belle tour Eiffel !   Quel dommage !

Où est-il ? Où sont-ils ?

Le cartable est sur la table.   Le cartable est par terre.   Les légumes sont dans le panier.   Les légumes sont par terre.

Vous vous souvenez ?
– la couleur de la girafe ?
– la couleur de la vache ?
– la formule magique ?

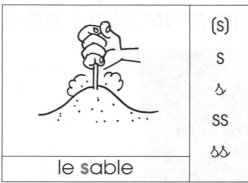

	(s)	la **s**ouri**s**
	s	le **s**oleil
	s	le **s**ucre
	ss	une cata**s**trophe
le **s**able	ss	un de**ss**ert

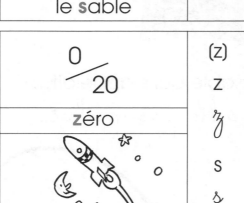

0 / 20	(z)	un **z**oo
zéro	z	on**z**e
	z	une frai**s**e
	s	une bête**s**e
une fu**s**ée	s	un dé**s**ert
	entre 2 voyelles	

Il n'y a pas
de dessert
c'est l'désert !
Il n'y a rien
pour ce soir
c'est bizarre !
Il n'y a plus
de fusée,
dessinez !

les amis - le dessin d'une maison - du sable rose -

une brosse à dents - une histoire bizarre - une grosse bêtise -

les croissants de la marchande - le bon dessert - le grand désert

Quel ciel magnifique ! Tout est calme. Tout à coup, que se passe-t-il ?
Il pleut des fraises, de la confiture ; des cornichons tombent
du ciel. Tout le monde va se cacher sous les arbres.
Mais les arbres sont en sucre. Ils se mettent à fondre.
Quel pays bizarre ! Vite, allons-nous-en !

quel	une catastrophe	vous vous souvenez	magnifique
quelle	une bêtise	fondre	rose
patatras	le ciel	ils se mettent à...	
par terre	des sandwichs	allons-nous-en	

Le désert, c'est un bon dessert au sucre !

Unité 8
Mais qui est le marchand de sable ?
Histoire 3. Album p. 54 et 55.

Il était une fois un marchand de sable qui s'appelait…

Il était une fois un marchand de sable qui s'appelait…

Illustrations : Isabelle Rifaux
Mise en page : Typo-Virgule
Couverture : Christian Scheibling

N° d'éditeur : 10125860 - CGI - Imprimé en France par EMD S.A.S. - N° dossier : 13876 - Dépôt légal : juillet 2005